Weber Max Maria Freiherr von

Die Individualisirung und Entwickelbarkeit der Eisenbahnen

Weber Max Maria Freiherr von

Die Individualisirung und Entwickelbarkeit der Eisenbahnen

ISBN/EAN: 9783743396029

Hergestellt in Europa, USA, Kanada, Australien, Japan

Cover: Foto ©ninafisch / pixelio.de

Manufactured and distributed by brebook publishing software (www.brebook.com)

Weber Max Maria Freiherr von

Die Individualisirung und Entwickelbarkeit der Eisenbahnen

I. Verkehrsmaasse und Form.*)

Bogumil Goltz hat einmal gesagt: „Es gibt eigentlich kein schlechtes Wetter, sondern nur gute Kleider". So gibt es eigentlich auch keine unfruchtbare Eisenbahn, sondern nur leichtfertige Unternehmungen, irrationelle Bauten und unangemessene Betriebsführungen. Für jede Bahn, die überhaupt das Erbauen werth war, sei sie so klein und verkehrsschwach wie sie wolle, lässt sich auch immer eine Art der Herstellung und Ausbeutung finden, die sie nicht nur nicht in Noth gerathen, sondern ihre Betriebskosten decken und sogar ihre Besitzer in den meisten Fällen einen, wenn auch nur bescheidenen, pecuniären Nutzen ziehen lässt. Und dieses Verfahren, jedes Bahn-Institut seine ganze Pflicht erfüllen zu lassen, wird dessen Leiter finden, wenn er ein wirklicher Fachmann und ein „Eisenbahn-Techniker" im weiteren Sinne des Wortes, das heisst ein Meister der gesammten „Eisenbahnkunst", (ihre administrativen, commerziellen und volkswirthschaftlichen Branchen inbegriffen,) ist.

Der grosse Naturgelehrte Dove pflegte seine Collegen nach Analogie der Qualitätsbegriffe „Musiker" und „Musikanten" in „Physiker" und „Physikanten" zu classificiren. So gibt es auch „Techniker" und „Tech-

---

*) Ein grösserer Theil des Nachstehenden ist zuerst in der „Neuen Freien Presse" zu Wien veröffentlicht.   D. Verf.

nikanten" — Pontifexe und Bettelmönche — geborne Generale und geborne Corporale des Eisenbahnwesens. Für den „Technikanten" ist eine Eisenbahn — eben eine Eisenbahn. Ein Kind von Vater Usus und Mutter Schema. Eine gute Eisenbahn ist ihm die, welche derjenigen gleicht, die er am besten kennt, deren Wesen ihm geläufig ist. Eine neue Eisenbahn ist ihm nichts als eine Reihe Anwendungen von gegebenen Regulativen, Normalien und Schablonen auf neue Constructions-, Bau-, Anordnungs- und Betriebsfälle, gleichviel ob sie für dieselben passen, den Zwecken der zu schaffenden Linie congenial sind oder nicht. Dem „Techniker" hingegen ist jede neue Eisenbahn eine staatswirthschaftliche und technische „Individualität" mit bestimmt ausgeprägten, ihr ganz allein eigenen Charakterzügen, die ihr von der Boden-Configuration, der geographischen Lage, den Producten, dem Klima, den staatlichen und gesetzlichen Institutionen, der Handels-Politik und Verkehrs- und Bau-Polizei des Landes, durch welches sie führt, dem Naturell des Volkes, dem sie dienen soll, der Verkehrsmasse, Form und Dichte ihres Betriebes, den localen technischen Hilfsmitteln, den Preisen der Arbeit, der Zeit und der Verbrauchsstoffe etc. unverkennbar aufgedrückt wird. Er tritt der Aufgabe, sie gewissenhaft ins Leben zu rufen und zu gestalten, angethan mit dem gesammten starken Rüstzeuge der modernen Eisenbahnkunst gegenüber, wohl wissend, dass bei den Problemen des Eisenbahnbaues und -Betriebes sich fast niemals eine Erscheinung wiederholt, jede neue Anlage, Construction und Einrichtung durch vollkommen neue Verhältnisse strict bedingt ist, dass, je besser daher eine Anordnung oder Construction an einem Ort passte, um so sicherer anzunehmen ist, dass sie am andern weit weniger, oder mindestens nur angemessen modificirt entsprechen werde, und dass daher nichts gefährlicher im Bereiche des Eisenbahnwesens ist, nichts zu unheilbareren Uebeln führt, als gewaltsame **Generalisirung, Normalisirung** und **Reglementirung.**

Es sind dies die drei Elemente, aus denen das schlimmste Gift für jede kräftige Entwicklung des Industrie- und Verkehrslebens gebraut wird: die geistlose Schablone.

Vorläufig ist es noch keine grosse Gemeinde im Volke der Techniker, welche sich zu dem Glaubenssatze bekennt: „Man kann kein ganzer Techniker sein, wenn man ein halber Mensch ist"; was nichts Anderes sagen will, als: zum Klar- und Weitblick, zum berechtigten Urtheile, ja selbst zum kräftigen, praktischen Wirken in einem Fache, gehört nicht blos das Wissen und Können in diesem, sondern eine umfassende universale Bildung, die dazu befähigt, bei Lösung so grosser fachlicher Aufgaben wie die Errichtung einer Verkehrsanstalt, das gesammte Bereich der Wechselwirkungen, in denen sie zu Staat und Leben steht, kritisch, ethisch und volkswirthschaftlich in Betracht zu ziehen. Ohne diese Bildung bleibt der Fachmann in jeder Branche ein — „Technikant".

Der Gemeinde, welche, mit allgemein geschulter Anschauung, auch im Eisenbahnwesen die Individualität an die Stelle der Classe und Kategorie, die lebendige Fortentwickelbarkeit an die Stelle des todten Typus gesetzt wissen will, gehören vorläufig nur Wenige an, aber es sind die besten Köpfe, die am tiefsten und universellsten entwickelten Geister, die schöpfungskräftigsten Praktiker des Faches.

Die Völker, bei denen das Eisenbahnwesen die höchste Entwicklung gefunden, den energischsten Vorschritt gethan hat, die anglo-germanischen: die Engländer und vor Allem die Amerikaner, sind, angesichts der unendlichen Verschiedenheit der Zwecke ihrer Bahnlinien, und der Mittel, sie zu erreichen, fast nothgedrungen die kräftigsten Pfleger des Princips der „Individualisirung" und der „Fortentwickelbarkeit" der Eisenbahnen geworden.

Die Bahn, die sich, um Urwald oder Prairie aufzuschliessen, in diese vorschiebt, muss ein Individuum sein, von der, welche in die Weltstadt Newyork mündet, ebenso verschieden, wie es der Broadway von dem Urwaldholzwege ist.

Und dazwischen liegen Tausende von unkategorisirbaren Abstufungen und Unterschieden nach Tendenz und Lage, die sämmtlich sowol ihren volkswirthschaftlichen als commerziellen und technischen Zweck total verfehlen würden, wollte man Constructions- und Verwaltungsschema von der ersten auf die zehnte, von einer Linie im Süden auf eine im Norden, von einer Bahn im Gebirge oder im Walde auf die in der Steppe übertragen.

Ebenso würde man ihnen die Lebensadern a priori unterbinden, wenn man ihre Constructionen, ihre Anlagen, ihre Einrichtungen nach den Hoffnungen zuschneiden wollte, welche sich die Eigenthümer der Bahn für ihre Zukunft machen. Die Verkehre von heute müssten dann den Preis der Anlagen für die von über zehn Jahren mitverzinsen, und Noth und Bankerott würden da die Folge sein, wo die, nur dem Tagesbedürfnisse genau genügende und mit dem Steigen desselben fortentwickelte Anlage zur Existenz-Erhaltung, ja vielleicht zu steigender Prosperität geführt haben würde. Kein grösseres Lob daher für eine Bahn, als wenn die Männer der alten Schule tadelten: „Nach wenig Jahren waren ihre Anlagen zu klein". Der Tadel wäre nur dann am Platze, wenn die Anlagen zu monumental hergestellt, zu kostspielig umzugestalten und zu schwer fortentwickelbar gefunden worden wären.

Das grosse Princip der Individualisirung und Fortentwickelbarkeit, welches in Bereichen so unendlicher Verschiedenheit der Verhältnisse wie in Amerika und England das erste Lebenselement der Eisenbahnwelt bildet, fast jede Regularisirung und Schematisirung energisch zurückweisend, erscheint auch in den Ländern des europäischen Continents als Basis für die künftige Prosperität des Verkehrswesens und tritt mehr oder weniger imperativ auf, je drastischer die Bedingungen unter einander verschieden sind, welche ein Land an seine, durch verschiedene Provinzen und in verschiedenen Richtungen laufenden Bahnen zu stellen hat.

Es lässt sich nicht leugnen, dass, in annähernd genug homogen entwickelten, ziemlich gleichmässig vorschreitenden grösseren Reichen, wie Frankreich und zum Theil auch Preussen, ein weise gemässigtes Normalisiren und Reglementiren gewisser technischer und administrativer Verhältnisse des Eisenbahnwesens ohne wesentlichen Nachtheil für den Fortschritt desselben und zur Erhöhung der Sicherheit von Leben und Eigenthum zulässig ist.

Doch wird es auch hier dem Geiste des grossen

Culturwerkzeuges, das eben, wie jedes andere Utensil, für jede durch Ort und Verhältnisse modificirte, andere Arbeit auch eine andere Gestalt erfordert, am besten entsprechen, wenn diese Einflussnahme auf engste Grenzen beschränkt bleibt. Dieselben umschreiben sich vielleicht am praktischsten durch die sogenannten obligatorischen Bestimmungen, welche die vom Vereine deutscher Eisenbahnverwaltungen emanirten „Grundzüge für die Gestaltung der (primären und secundären) Eisenbahnen Deutschlands" enthalten. Aber immerhin bleibt es bedenklich, selbst solche, auf ein Minimum reducirte, allgemeingültige Bestimmungen in Formen (z. B. von nur durch das Zusammenwirken der Staatsgewalten umgestaltbaren Gesetzen) massgebend werden zu lassen, die deren Modification nach Zeit und Ort allzusehr erschweren.

In Ländern sehr homogener Entwicklung wird das Princip der Individualisirung der Bahnanlage weit weniger in die Augen springende Wirkungen erzielen, als in denen sehr disparater Gestaltung ihrer Provinzen nach Civilisations- und Culturzustand, Bodenbeschaffenheit, Production und Clima, und unregelmässiger, oft sogar sprungweiser, Gesammtentwickelung, wie z. B. Oesterreich, Russland, die Türkei etc.

In solchen Reichen steigt die Gefahr jeder Massnahme, die den technischen Genius hindert, das ganze Wesen jeder Eisenbahn den Bedingungen von Ort und Zeit genau anzupassen, mit der Verschiedenheit dieser Bedingungen in eminentem Maasse. Zwei Elemente gestalten vornehmlich die Individualität einer Bahn: Mass und Form ihres Verkehrs und die Eigenschaften des Landes, durch welche sie führt.

Wenn man in guter, alter Zeit eine Bahn von Wien

nach Prag, oder von Berlin nach Hamburg, oder von
München nach Augsburg baute, so wusste man, dass
grosse, wohlbekannte Verkehre zu erwarten waren,
kannte das Land, seine geognostische, hydrographische
Beschaffenheit, seine Hilfsmittel an Producten und industriellen Kräften, die Natur der Bevölkerung, welche
man zum Dienst der Bahn benützen konnte, und jener,
der die Bahn dienen sollte. Man durfte a priori Brücken,
Oberbau, Betriebsvorrichtungen etc. solid construiren, der
Anlage selbst eine gewisse monumentale Stabilität geben,
Regulative, Schemata und Instructionen sorgsam ausarbeiten, wissend, dass sie wohl verstanden und ausgeführt werden würden; man durfte der Administration
breite, ihren bedeutsamen Thätigkeitskreisen angemessene
Formen geben. Das Theuerste, weil Dauerhafteste, war
hier das Wohlfeilste, da es auf lange hinaus stabilen,
grossen Verhältnissen zu dienen hatte. Nichtsdestoweniger überholten bald die Verkehre die Anlagen und
Ausrüstungen. Monumentale Gebäude mussten abgebrochen, Stationen, obwol anscheinend aus dem Vollen
bemessen und angelegt, fortwährend erweitert werden;
die Signal- und Bewachungssysteme complicirten sich
mit der steigenden Complication der Verkehre. Nichtsdestoweniger konnten hier, mit Hinblick auf eine relative
Stabilität oder wenigstens langsame Umgestaltung der
Verhältnisse, Constructionen und Einrichtungen nach
gewissen allgemeinen Gesichtspunkten behandelt werden,
wie sie der Dienst grosser, dichter, vielgestaltiger, täglich aus sehr vielen sich begegnenden, überholenden,
kreuzenden Schnell-, Personen- und Güterzügen verschiedenster Natur und Geschwindigkeit zusammengesetzter Verkehre, die Massenbewegung grosser Lasten

und Personenzahlen verlangt, und ihnen organisch angepasst werden. Dem grossen Zwecke wurde mit starken, wenn auch kostspieligen Mitteln, rationell Genüge gethan. Nun aber geht der Ausbau der Eisenbahnnetze vorwärts. Auf die Herstellung von Strecken von primärster Bedeutung, unzweifelhafter Rentabilität folgt die der Linien minderer Wichtigkeit, minder gesicherten Erträgnisses. Um zu ihrer Inslebenrufung zu reizen, muss schon die Erwartung auf Entwicklung der Verkehre, der Industrie, der Landwirthschaft in das Treffen geführt werden.

Man hat mit Hoffnungen statt mit greifbaren Erträgnissquellen zu rechnen.

Die Bahnen treten in das Wohngebiet von Völkerschaften über, deren Begabung für den Bau- und Betriebsdienst, deren Verhalten zu der neuen Erscheinung, deren Ansprüche an dieselbe man nicht kennt; in Districte, deren hydrographische, geognostische, Productions- und Verkehrsverhältnisse, deren Hilfsquellen für Bau und Betrieb nicht genau ermittelt sind.

Uebertrügt man nun die Systeme der Bauausführung, die Organisationen und Normalien der Verwaltung und Construction jener Bahnen, welche ihren Zweck schon erfüllt haben, ohne weiteres auf jene, die seine Erreichung in näherer oder fernerer Zukunft erst in Aussicht stellen, so läuft man nicht allein Gefahr, weit theurer, als bei sorgsamem Erforschen der Ortsverhältnisse und Anschmiegen an dieselben möglich wäre, zu bauen, sondern auch reelles Geld für vielleicht nie sich realisirende Hoffnungen auszugeben, gewiss und in jedem Falle aber, den Aufwand für einen administrativen und technischen Apparat, der die Bahn für eine, alle Hoffnungen erfüllende Leistung ausrüsten würde, im Laufe der ganzen Zeit tragen zu müssen, während deren dieses Ziel noch nicht erreicht ist.

Das Irrationelle eines solchen, vom praktischen Leben nur zu häufig vorgeführten Gebahrens, muss auch dem Laien einleuchtend sein. Drastischer tritt dasselbe an den Tag bei noch weiterer Entwicklung des Eisenbahnnetzes eines Landes, wenn es gilt, Linien durch Districte zu ziehen, in denen die Eisenbahn erst die Bedingungen für ihre eigene Prosperität hervorlocken soll, eine Wirksamkeit, für die sich keine entsprechende Form im Voraus feststellen lässt, oder, wenn es gar nöthig wird, Bahnen, ohne jede Aussicht auf directe pecuniäre Vortheile, lediglich aus volkswirthschaftlichen oder politischen Rücksichten in Provinzen vorzuschieben, die, ohne diese kostspielige Massnahme, ihre staatlichen Zwecke nur unvollkommen erfüllen könnten.

Solche Bahnen werden sich meist durch dünnbevölkerte, wenig civilisirte Gegenden hinziehen, in denen Zeit, Arbeitskraft und Bodenproducte in niederem Werthe stehen, deren Bewohner nur sehr mässige Ansprüche an Bequemlichkeit und Schnelligkeit der Locomotion erheben und in denen daher nur ein minimaler, wenig lohnender, mit einigen langsamen Zügen zu befriedigender Verkehr in gewisser Aussicht steht.

Die Uebertragung der Administrations- und Constructionsformen, die von den Bedürfnissen der Bahn mit grossen Verhältnissen abgeleitet sind, auf solche Linien müsste dieselben vollkommen erdrücken. Ja, selbst schon die ungeschickte Verpflanzung einer einzigen Institution jener reichen Linien, etwa der Bahnbewachung, Signalisirung, der Stations-Ordnung, der Oberbau- oder Brücken-Construction, würde die ärmere Linie in grosse Gefahr bringen; denn im Eisenbahnwesen gibt es, wie im Staatswesen, nichts Vereinzeltes. Eines bedingt, hier wie dort, das Andere. Eine einzige unpassend verpflanzte Einrichtung zieht andere weitere unaufhaltsam und verderblich nach sich. Und so wird die keimende Bahn, die, wirklich ihrem Zwecke gemäss organisirt, lebensfähig gewesen wäre, nothleidend. Bei Linien dieser Art gilt es vor Allem, den schwachen, embryonischen und ephemeren Bedürfnissen durch einfachste, wohlfeilste und solche Mittel gerecht zu werden, deren Dauer voraussichtlich nicht länger ist, als die der Verhältnisse, denen sie dienen sollen, selbst, deren Modification nach Form und Raum aber nur verhältnissmässig geringen Aufwand erfordert. Leichte Umgestaltbarkeit, Verstärkbarkeit, Dehnbarkeit muss das Motto bei administrativer und technischer Organisation von allen Linien sein, die noch nicht alle in sie gesetzten Hoffnungen erfüllt haben, vornehmlich aber der Pionnier- und Provinz-Aufschluss-Bahnen, die sich selbst ihre Verkehrsquellen schaffen sollen.

Der leichteste Oberbau mit den billigsten eisernen, ja wo sie disponibel sind, gebrauchten Schienen, die Holzbrücke, mit Schwellen jeder Qualität, wie sie die Gegend liefert, die primitivste Stations-Anordnung, die stumpfe Weiche, die hölzerne Drehscheibe und Schiebebühne, die permeabelste Construction der Gebäude, das Provisorium in Gleis-, Lade- und Manipulationsanlagen, das sind die Typen, welche der Errichtung solcher Linien zum Grunde gelegt werden müssen.

Mit fast noch grösserer Intensität und Energie haben die Ersparniss- und Vereinfachungstendenzen bei der Organisation ihrer Administration, Bahnsicherung und Bewachung zur Anwendung zu kommen.

In einer Hand, der eines wirklichen Eisenbahnfachmannes, werden die Branchen der obersten Betriebsleitung der Bahnunterhaltung und der Maschinenverwaltung vereint sein können, in einer andern wird die allgemein mercantilische, die Kassen- und Gütertransportverwaltung ruhen können, die Functionen der Stationsvorstände werden sich häufig mit denen der Güterexpedienten und Materialienverwalter, die der Billetausgabe mit denen der Gepäckbehandlung vereinen lassen u. s. w.

Man wird ferner den Verkehr auf den Bahnstrecken selbst, durch die einfachsten und wohlfeilsten Signaleinrichtungen, deren Mittel sich oft auf Fahne und Laterne in der Hand der Wärter werden beschränken können, sichern, die Bahnunterhaltung vom Bahnbewachungspersonale zum grössten Theile mit bewirken lassen u. s. w. u. s. w.

Die Durchführbarkeit und Erspriesslichkeit solcher embryonischer Einrichtungen, deren Möglichkeit vielleicht selbst von vielen eisenbahnlenkenden Technikanten unserer Tage belüchelt wird, deren Gesichtskreis nicht über die wenigen Bahnen, auf denen sie geschult wurden, und die Periode der Eisenbahnentwickelung in den letzten zehn Jahren hinaus- und zurückreicht, ist durch die grosse Praxis in der ersten Zeit der Eisenbahnentstehung und den heutigen Usus auf vielen rationell verwalteten Bahnen schwachen Verkehrs in England, Schottland, Frankreich, Norwegen, Schweden und auch in Deutschland dargethan.

Das Gesetz, das die Entwickelung der physischen Organismen beherrscht und in der Gattung die des Individuums abspiegelt, gilt auch im Bereiche der Culturerscheinungen. Die Entwickelung einer Bahnlinie von

schwächsten Anfängen der Verkehre an bis zur vollen
Prosperität und maximalen Leistungen wird dann
die rationellste sein, wenn sie ein Conterfei der Entstehung und des Fortschrittes des gesammten Eisenbahnwesens ist. Mit dem Steigen der Massen-Transporte, den Anforderungen, welche die sich hebende Cultur der adjacirenden
Länderstriche an die Leistungsfähigkeit des Institutes und
die Schnelligkeit der Bewegung stellt, mag dann die Holzbrücke durch die eiserne, die stumpfe Weiche durch die
Zungenweiche ersetzt werden, der Oberbau sich verstärken,
das Signalwesen vollkommner, die Bahnunterhaltung
rascher, die Bauanlagen ausgedehnter und solider werden;
die Manipulation der Verwaltungsbranchen mag sich auf
mehr und mehr Hände vertheilen, das Personal sich
vermehren, die Verantwortlichkeiten für das Individuum
sich concentriren, bis jede der dem Momentbedürfnisse
entsprechenden Schöpfungen ihrerseits dem Neugestaltungszwange neuer Bedingungen weichen muss, bis sogar,
wie für den wahrhaft reichen Mann der Luxús gewissermassen zur staatsbürgerlichen Pflicht wird, die üppig
blühende Bahn Entschuldigung finden muss, wenn sie
dem Strome der öffentlichen Meinung und dem eignen
Drange nach angemessener äusserer Repräsentanz ihrer
Bedeutung folgt, und durch ihre Einrichtungen und Anlagen, selbst auf die Gefahr nicht langen Bestehens derselben hin, die Gegenden und Städte schmückt, die sie
nähren. Dann, aber auch nur dann, wenn eine Bahn
in Ueberfülle der Prosperität strotzt, ist ihr der Luxus
der Erscheinung erlaubt. In jedem andern Falle
charakterisirt er sich als Schwindel, der weit verderblicher
wie der Nichtpraktiker begreifen kann, als schlimmster

Feind aller wahren Oekonomie, das ganze Denken und Treiben des gesammten Instituts durchwüchst.

Eine Bahn, deren Construction, Administration, Ausrüstung und Einrichtungen unter den Zeiterfordernissen ihres Verkehrs steht, kann mit grossen Hemmnissen und Fatalitäten vieler Art zu kämpfen haben, aber sie ist in bei weitem nicht so grosser Gefahr, ihre Prosperität in Frage gestellt, ja ihre selbständige Existenz in Gefahr kommen zu sehen, als eine andere, deren Constructions- und Administrations-Einrichtungen zu gross, zu stark, zu weit und zu theuer für ihre Verhältnisse sind und jede ihrer Massnahmen mit einem Aufwande belasten, der ausser Verhältniss zu den Vortheilen steht, die dadurch etwa zu erreichen wären. Solche Bahnen gleichen dem Kämpfer, welchen seine schwere Rüstung am Streiten hindert und der daher an seinen Waffen selbst rettungslos zu Grunde geht.

Nur im steten Parallellaufen der Herstellungs- und Betriebsaufwände mit dem Leistungserforderniss der Bahnen liegt die Gewähr für deren Prosperität, beziehentlich der sichere Schutz gegen deren In-Noth-gerathen. Je genauer dieser Parallelismus eingehalten ist, um so specifisch eigenthümlicher werden ihre Einrichtungen und Eigenschaften ihr ganz allein angehören, ihr eine „Physiognomie", eine „Individualität" geben.

II. Ort und Zeit.

Fast noch gestaltungskräftiger als Maass und Form des Verkehrs der Eisenbahn werden auf ihre Individualisirung Land und Leute wirken, die sie zu bedienen hat und die ihr zu dienen haben. Nicht allein die Formation der Oberfläche verschiedener Länder und Landstriche, ihre physikalische und geognostische Beschaffenheit, ihr Klima, ihre Bodenprodukte, ihre Industrie spielen bei der Herstellung der Gesammtphysiognomie ihres Eisenbahnwesens eine bedeutsame Rolle, sondern vornehmlich auch der Charakter des Volks und seine Lebensgewohnheiten, seine gesetzliche, staatswirthschaftliche und sittliche Verfassung. Diese Einflüsse sind so stark, dass oft die Institutionen, welche in einem Lande sich überaus erspriesslich erweisen, ja die recht eigentlich den Focus bilden, von dem die Lebenskräfte des Eisenbahnsystems desselben ausgehen, oder sogar die Basen seiner Wesenheit bilden, bei ihrer Verpflanzung in einen anders gearteten Bereich nicht allein völlig ihre Wirksamkeit verlieren, sondern sogar zu Quellen so weitreichender Uebel werden, dass ihre Uebertragung als schwerverzeihlicher Missgriff erscheint.

Das frappanteste Beispiel der Individualisirung des ganzen Eisenbahnwesens eines Landes durch die geographische Lage desselben liefert England.

Sein Eisenbahnnetz ist vom Meere umschlossen, nirgend mündet es in fremde Systeme, seine Betriebsmittel mischen sich weder mit denen der Nachbarländer, noch rinnen sie auf unendlichen fremden Strecken kaum verfolgbar auseinander, seine Institutionen collidiren auf Anschlussstationen nicht mit denen von Ländern ganz verschiedenen Entwicklungsgrades.

Sein Eisenbahnwesen, so kolossal es ist, bildet ein gesammeltes, compactes, überschaubares Ganze mit unwandelbar gezogenen Grenzen.

Darum lässt sich ein grosser Theil seiner durchdachtesten, praktischsten und charakteristischen Institutionen entweder gar nicht, oder doch nur unter fast gänzlich umgestaltenden Modificationen auf die Eisenbahnsysteme des Continents übertragen, deren jedes so zu sagen grenzenlos ist, in alle andern überrinnt, von ihnen Einflüsse empfängt und sie ihnen giebt.

Eine Institution wie die des „Railway Clearinghouse", vielleicht die genialste und praktischste, die es im ganzen Bereiche des Eisenbahnwesens giebt, ist in der Form, in welcher es den englischen Eisenbahnverkehr beherrscht, ja eigentlich dessen administrative Intelligenz repräsentirt, unverpflanzbar auf den Continent, in dessen polyglottem, sich überall in die Uncultur verästendem Eisenbahnsysteme schon sprachliche und politische Motive die Gestaltung eines mächtigen administrativen Centralpunktes verbieten, dessen Wissen und Einfluss sich in unzulässiger Weise über ganze Ländercomplexe verbreiten müsste.

Ein anderes Beispiel liefert Frankreich mit seinen Fusionstendenzen, die nach und nach fast sein ganzes Eisenbahnwesen unter die Botmässigkeit von fünf grossen Gesellschaften gebracht haben, denen es gelungen ist, ihre Bereiche in einer, die Concurrenz der Interessen fast ganz ausschliessenden Weise, zu ordnen. Solche Tendenzen, die eine Zeit lang gewiss kräftig zur hohen und systematischen Entwickelung des französischen Eisenbahnwesens beigetragen haben, sind absolut und specifisch nur in einem Lande zulässig, dessen ganze innere Gestaltung eine so homogene wie die Frankreichs ist, dessen administrative Organisation eine so concentrirte und gewaltige *(Corps des ponts et chaussées etc. etc.)* ist, dass sie selbst dem Einflusse der mächtigsten und reichsten Privatinstitute vollkommen gewachsen ist, und dessen glückliche Finanzlage die Einwirkung fremden Capitals auf seine öffentlichen Arbeiten fast ganz ausschloss. Wollte man aber dieselben Tendenzen in Ländern ganz verschiedener politischer und administrativer Struktur (wie z. B. Russland oder Oesterreich) wirksam machen, die Fusionsbegünstigung zur verkehrswirthschaftlichen Maxime erheben, so müsste diess natürlich zu sehr abweichenden Consequenzen führen.

Es würde überall da, wo die Finanzlage des Landes die grossen Finanzinstitute, welche die Bahnen besitzen und betreiben, einer weniger kategorischen Regierungsgewalt ohnehin allzu einflussreich gegenüberstellt, gleichbedeutend sein mit einer bedenklichen Stärkung der Interessenvertretung des Capitals auf Kosten der öffentlichen Autorität und des Gemeinwohls.

Diese allenthalben vorhandenen Gefahren müssten sich aber da, wo, wie in Oesterreich, ausländisches Capital der Besitzer der Hauptbahncomplexe ist, und diese, in seinem Interesse, von ausländischen Intelligenzen verwalten lässt, in so eminentem Maasse und sogar bis in den Bereich politischer Erwägungen hinein steigern, dass die Verfolgung jener in andern Ländern relativ erspriesslichen Tendenzen, hier zum staatlichen Wagnisse werden würde.

Jedenfalls müsste der für Verwirklichung der Fusionsideen gezahlte Preis um so mehr für verschwendet gelten, als die Voraussetzung eine durchaus irrige ist, dass durch Fusionen kleinerer, ärmerer Linien mit grossen, reichen, vermöge der Abminderung der Administrationskosten der Ersteren, die Gesammtprosperität der Bahn erhöht werde. In der That ist dies nur dann zum Theil wahr, wenn die kleinen Linien schematisch, geistlos nach der Schablone der grossen Verwaltungen administrirt werden. Hatte man aber dafür Sorge getragen, sie in Anlage, Bau und Verwaltung sorgsam nach den ihnen gegebenen Verhältnissen zu individualisiren, so wird unzweifelhaft die, bei einer Fusion unvermeidliche, Uebertragung der Gesammtformen der grossen Linie, in welcher sie aufgehen, auf ihre kleinen Angelegenheiten, in den meisten Fällen eher Nachtheil als Vortheil bringen.

Die Praxis hat dies vornehmlich auch in England dargethan, wo der Widerstand der kleinen Bahnlinien und die sich laut und gleichzeitig erhebende Stimme des Publikums und der Staatsgewalt einen energischen Stillstand in die Fusionirungsbestrebungen, als den privaten und öffentlichen Interessen gleich zuwiderlaufend, gebracht hat.

Wie aber nun weitverbreitete Localeinflüsse individualisirend und physiognomiegebend auf die Eisenbahnsysteme ganzer Länder einwirken, so stellen dieselben, in engerer Umgrenzung, aber nicht weniger bestimmt, bei der Gestaltung jeder einzelnen Eisenbahn ihre Anforderungen, wenn dieselbe ihren Zwecken zur Zeit ihrer Herstellung entsprechen und ihre Umformung nach deren Wechsel in der Zukunft gestalten soll.

Das hochentwickelte Land, die wohlständige, dichte, betriebsame Bevölkerung verlangt von der Trace der Bahnen thunlichst gerade Wege, geringe Steigungen, die Möglichkeit schnellen Betriebes, selbst um verhältnissmässig hohen Preis bedeutsamer Bau-Ausführungen.

Die Bahn der dünnbevölkerten, armen oder gar dem Verkehre erst zu erschliessenden Provinz wird sich, so wohlfeil als möglich, mit Steigungen und Krümmungen, welche dem schwachen, langsamen Verkehre nicht beschwerlich fallen, dem Terrain anschmiegen.

In jenem Falle wird es gelten, mit Musse wirklich fertige Bahnen, vor Allem gut und solid, wenn auch langsamer, herzustellen. Man wird in Regie, nach sorgsamsten, umfassendsten Vorarbeiten, unter specieller Aufsicht bauen. Die Dämme werden in Schichten gerammt, die Materialien sorgsam gewühlt, das Personal behutsam ausgesucht werden. Die Bahn wird regelrecht und jeder Anforderung der Staats-Oberaufsicht entsprechend geprüft und jeder Gattung und Schnelle des Verkehrs gewachsen sein, sobald sie eröffnet werden kann.

Im letzteren Falle wird es darauf ankommen, Bahnen vor Allem schnell, wenn auch flüchtig, eben nur für die Befahrung reif, mit allen Mitteln, welche hiefür die thätigste General-Entreprise, die flottesten Constructionen, das rasche Stürzen und Schütten der Dämme, die Verwendung des eben zur Hand befindlichen Materials etc. bieten, auszuführen, um hohen Intercalarzinsen zu entgehen, den Transport einer Ernte, eines Kriegsmaterials oder auch eine Staatsgarantie zu erobern.

Ja es kann sich in vielen Fällen, besonders bei solchen Bahnlinien, die wegelose Gegenden aufschliessen, in Districte vordringen sollen, wo die zur Herstellung solider Anlagen erforderlichen Materialien fehlen oder kostspielig zuzuführen sind, dringend empfehlen, die ganze Linie zunächst als eine Art Provisorium, als einen Hilfsweg in solcher Weise herzustellen, die eben die Eröffnung und Befahrung im langsamen Tempo gestattet und dies Embryo einer Bahn aus sich selbst heraus weiter zu gestalten und zu entwickeln, indem man das Steinmaterial für die Ausführung des Schotterbettes, der Zufuhrstrassen, der Baulichkeiten, die schweren Theile der Eisenbrücken, Drehscheiben, Krahne etc., deren Transport auf schlechten Wegen sehr theuer, ja fast unmöglich gewesen wäre, auf der Bahn selbst herbeischafft und diese selbst als kräftigstes Werkzeug zu ihrer eigenen Vollendung und Fortentwickelung dienen lässt, während sie schon für ihre Eigenthümer erwirbt und Zinsen trägt.

Alle diese Ausführungsformen werden nach ihrem Orte und ihrer Zeit die correcten, allein zweckmässigen sein können. Im Lande, wo Eisen wohlfeil, der Bau der Bahnen eilig ist, wird man mit gleichem Rechte dieselbe Brücke von Eisen herstellen, die man im Steinlande, bei langsamem Baue, von Stein ausführt. Die Construction wird dabei im eisenreichen England massenhaft, im eisenärmeren Deutschland sparsam und ausgearbeitet, im noch eisenärmeren Amerika bis zur Kühnheit leicht sein.

Im eigentlichen Holzlande wird, unter vielen Verhältnissen, die Holzbrücke den Sieg über alle anderen davontragen. Derselbe Durchlass, den man in der Gegend des guten Hau- oder Backsteines 30 Centimeter stark wölbt, erhält im Bereiche des weichen Bruchsteines vielleicht die doppelte Wölbstärke oder wird da, wo gute Cemente, Trasse und Puzzolane billig sind, vielleicht ganz aus Schotterguss hergestellt, oder man ersetzt sein Gewölbe vielleicht gar, im Bereiche der in Platten brechenden Gesteine durch kräftige Decktafeln, wie z. B. die Baulichkeiten der Bahn in den Schieferdistricten von Wales (Festiniogbahn und andere), wie Kartenhäuser aus mächtigen Schiefertafeln zusammengestellt sind.

Je gewissenhafter, schablonenfreier und wahrhafter ökonomisch ein Ingenieur ist, um so prägnanter wird er seine sämmtlichen Constructionen in Dimensionen, Material und Anordnung nach den Ortsbedingungen gestalten.

Grundriss und Einrichtung jeder wahrhaft zweckmässigen Station ist ein treues Abbild ihrer Verkehrsform. Das Vorherrschen des Personenverkehrs prägt ihr eine andere Physiognomie auf, als das des Güterverkehrs. Der erstere wird ihr wieder sehr verschiedene Erscheinungen geben, je nachdem er der eines reichen, frequenten Badeortes oder einer Fabrikstadt ist; im Bereiche des letzteren wird das Dominiren des Producten-, des Kohlen-, Stein-, Holz- und Getreideverkehrs der Station einen völlig anderen Typus aufprägen, als das des Stückgüter- und Colonial-Waaren-Transportes.

Anders wird sie sich gestalten, je nachdem der Local-, Durchgangs-, Umlade-, Kreuzungs- oder Rangirverkehr, der Umschlagverkehr von Wasser oder Strasse zur Bahn etc. die Hauptmanipulation auf ihr ausmachen, anders nach jeder der unzählbaren Variationen der Mischung aller dieser Verkehrsformen, deren jeder nur eine ihr ganz gemässe Stations-Anordnung wahrhaft zweckmässig dienen kann. Und nicht blos an die Hauptstation, sondern auch an die kleinste und unbedeutendste stellen die Lage der Orte, die sie bedient, die Richtung der Ab- und Zugänge, die Wechselwirkung des Bahn- und Strassenverkehrs etc. Bedingungen, denen nur durch sorgsame, von Fall zu Fall erwogene Disposition, genügt werden kann. Alles dies lässt jeden Versuch einer Schematisirung der Stations-Anordnung, der Aufstellung von Normalien für dieselbe, so oft er auch zum Nachtheile der geistigen Thätigkeit im Eisenbahnbau angestellt worden ist, als ein vergebliches, ja verderbliches Beginnen erscheinen.

Unmöglich können ferner Personenräume und Gebäude auf zwei Stationen, selbst gleicher Personen-Frequenz-Zahl, von denen sich die eine aber, zum Beispiel, einem eleganten Sommervillen-Publicum, die andere halbwilden Nomaden Rumeliens oder Dalmatiens zu accommodiren hat, dieselbe Anordnung, Dimension und Einrichtung haben.

Die Construction und das Ausmaass der Baulichkeiten für Güteraufbewahrung werden andere sein unter dem Himmel Italiens mit zweihundert regenlosen Tagen im Jahre und im Klima Schottlands mit achtzig regenfreien, andere für den Sturm und Schneedruck des Gebirges oder der Steppe und für das windgeschützte Thal. Der hellgebrannte Stein, die leichte Holz- und Fachwerks-Construction genügen auf Menschenalter hin im Süden für Bahnhofsbauten, welche ein einziger Nordweststurm auf der Caledonian- oder der Oban-Bahn an der schottischen Küste wie Kartenhäuser wegfegen würde.

Jede Gegend hat ihren Baustyl entwickelt, der eine nothwendige Emanation ihrer Boden- und klimatischen Eigenschaften ist; nur für die Bauten der Eisenbahnen wird immer aufs neue die Schematisirung nach derselben Ideen- und Formenschablone versucht.

In holzreichen Gegenden, wo Eisen theuer ist, wird die rationelle Construction des Oberbaues eine andere wie im Eisenlande sein müssen. Dort wird die Zahl der Schwellen vermehrt, das Gewicht der Schienen abgemindert, bis diese sich, wie zum Beispiel auf den Bahnen in den Westländern Amerikas, sogar in Flachschienen auf Langschwellen verwandeln. In gesteinreichen Districten wird der Würfelbau in Erwägung kommen. Wo Schotter theuer ist, wie in gesteinlosen Steppen, wird man die Bettung schwach, die Stabilität der Schienen gross nehmen, während ein vortreffliches Schotterbett mit schwächerem Gestänge auskommen lässt u. s. w.

So geben sich auch hier, für den wahrhaft praktischen Techniker von Geist, die Bedingungen für seine Constructionen von Ort zu Ort.

Das System der Signalisirung, der Bahnbewachung und des Bahnabschlusses, welches die Sicherung eines Betriebes mit fünfzig und mehr mit verschiedener Geschwindigkeit circulirenden, sich überholenden, kreuzenden, umgestaltenden Zügen täglich kategorisch erfordert, wird zum Absurdum auf der Bahn mit einem bis zwei langsamen Zügen im halbcivilisirten Lande. Die Nothwendigkeit jeder Signalisirung fällt gänzlich weg, wenn nur ein Zug auf einer Bahn verkehrt, oder die Betriebsgeschwindigkeit überhaupt unter ein gewisses Maass (12—15 Kilom. p. Stunde) herabsinkt. Die schematische Uebertragung des Signalsystems einer frequenten auf eine wenig befahrene Bahn gestaltet sich daher sicher für letztere zu einer Last, die möglicherweise nicht nur für immer ihre Prosperität hindern, sondern sogar ihre Lebensfähigkeit in Frage stellen kann. Mit anderen Signalkundgebungen wird man endlich den Betrieb der Bahnen im nebellosen Dalmatien oder Istrien und in Norwegen und Irland mit so häufig getrübter Atmosphäre sichern müssen. Dort kommt man mit einfachen und meist sehr wohlfeilen, optischen Localsignalen aus, während hier das elektrische, akustische und Knallsignal dominiren wird.

Bei aller Verschiedenheit der Signal-Organisation, nach Ort und Gelegenheit von verschiedenen Bahnen, wird doch nichts hindern, dass die Signalsprache eines Landes allenthalben dieselbe sein, das heisst, dass in ihr überall dasselbe Zeichen denselben Begriff bedeuten könne.

Dies ist die rationelle Einheitlichkeit des Signalwesens, nicht aber jene, welche verlangt, dass man auf allen Bahnen, möge das Maass der mit ihrem Betriebe verknüpften Gefahr und daher das, was man in dieser Sprache zu sagen, zu verbieten, zu befehlen und zu rufen hat, noch so verschieden sein, allüberall dieselben Signale gebe.

Die praktischen Engländer führen auf Bahnen sehr differirender Verhältnisse ganz verschiedene Signalsysteme, die sich nach Bedarf eines ins andere umgestalten lassen.*) Selbst die einfachsten, fast nichts kostenden dieser Systeme würden auch auf continentalen Bahnen sehr schwache Verkehre vollständig genügend sichern. Die Kosten eines nach complicirten Signalvorschriften durchgeführten Signalsystems sind allein oft höher als die Netto-Einnahmen vieler jener einsamen Linien. Dieselbe Bewandtniss hat es mit der Bahn- und Uebergangsbewachung. Diese kann kaum streng und prompt genug in Ländern sein, wo die Zeit hoch im Werthe steht, die Fahrgeschwindigkeit gross, der Abschluss der Wege so kurz als möglich sein muss. Hier ist nicht allein ein bedeutender Aufwand für Einzäunungen, Zugbarrièren, Uebergangsbewachung und die Benachrichtigung derselben etc. gerechtfertigt, sondern noch ein weit höherer für Entfernung der Weg- und Gleiskreuzungen aus dem Niveau der Bahnen. Anders erscheint das Maass dieser Nothwendigkeit in der ungarischen oder südrussischen Steppe, im Steinlande Dalmatiens, in der Marizza-Ebene Rumeliens oder in sonstigen wenig cultivirten Landstrichen, durch die sich eine spärlich belebte Bahn hinzieht.

Hier ist eigentlich das ganze Land Weg, oder auch kein Weg, es bleibt sich, bei völliger Werthlosigkeit

---

*) Es sind dies für Bahnen mit sehr wenig Zügen das „Stab-System" (*staff system*), für Bahnen etwas stärkeren Verkehrs das „Stab- und Billet-System" (*staff and ticket system*), für Linien mittlern Betriebes das „bedingte Sperr-System" (*permissive block system*); den gewaltigsten Verkehrsbewegungen genügt das „Unbedingte Sperr-System" (*absolute block system*). Ueber das Wesen dieser Systeme siehe des Verfassers Werk: „Das Telegraphen- und Signalwesen der Eisenbahnen". Weimar, B. F. Voigt.

der Zeit, fast ganz gleich, ob der Esel- oder Pferde- oder Ochsenkarrentreiber eine Stunde länger oder kürzer vor dem Wegabschlusse harren muss, während das wilde Vieh wie der halbwilde Autochthone sich doch, trotz jeder Bahnbewachung, den kürzesten Weg über die Geleise sucht. Hier gilt es eben, wie auf den Pionnierbahnen Amerikas, den langsamen Betrieb durch andere, ortsangemessene, Mittel, den Ansprüchen der Gegend genügend, zu sichern.

Zwischen diesen Extremen der Bahnformen liegen zahlreiche Abstufungen mit den jeder derselben entsprechenden Erfordernissen. Nicht gleichgiltig ist es ferner, wessen Landes und Blutes Kind den Bau einer Bahn ausführt, ihren Betrieb handhabt, ihre Instructionen liest. Derselbe sinnreiche Apparat, der in der Hand des ruhigen, besonnenen Engländers oder gebildeten Deutschen ein starkes Werkzeug der Sicherung der Oekonomie ist, wird, von dem tollkühnen Amerikaner, phantastischen Ungarn, plappernden Italiener und unruhigen Südslaven bedient, zur Quelle zahlloser Gefahren. Die Instruction, klar und verständlich für den deutschen Functionär in Niederösterreich, ist ein Buch mit sieben Siegeln oder führt zu einer wahren „Comödie der Irrungen", die häufig eine Tragödie werden kann, für den Pusztensohn.

Deutlich geht aus alledem hervor, dass der gesammte Organismus eines Bahn-Institutes, das mit Elementen der einen Art zu rechnen hat, ein völlig differenter von einem andern sein muss, welcher aus total andersartigen Grundstoffen und Bedingungen herauswächst, wenn beide wirklich die ihnen gestellten Aufgaben so vollständig lösen sollen, wie es überhaupt möglich ist, und dass daher bei dem einen das zum Gift werden kann, was bei dem andern treffliche Nahrung oder Arznei war. Desshalb muss auch bei der Individualisirung von Bahnen, die ihre Schöpfung vornehmlich anderen Absichten als denen des friedlichen, gewinnbringenden Verkehrs, welchem sonst das Eisenbahnwesen dient, verdanken, der militärisch und staatspolitisch wichtigen Linien, von ganz anderen Gesichtspunkten aus vorgegangen werden, als bei der jeder anderen Strecke. Nicht immer lassen sich die Tendenzen derselben mit denen der Oekonomie des Baues und Betriebes, der Rentabilität der Bahnanlagen vereinen. Die Individualität derartiger Bahnen hat in ihrem inneren Wesen ebenso viel Verwandtschaft zu Festung, Hafen und Heerstrasse, als zur Eisenbahn. Solche Linien entstehen unter dem kategorischen Imperativ militärischer oder politischer Nothwendigkeiten und müssen lediglich um ihrer hohen Zwecke willen mit denselben vollkommen entsprechenden Constructionen und Ausrüstungen errichtet werden, ohne dass man dabei, ebensowenig wie bei Hafen-, Festungs- und Strassenbauten, auf die Verzinsung der verwendeten Capitalien hinschielen darf.

Die Rentabilität wird bei derartigen Bahnen zunächst in Wohlfahrt, Sicherheit und Einheit des Vaterlandes gezahlt, und wenn es gilt, die kleinste Provinz an dasselbe fester zu binden, so ist das allein fast jedes Opfers werth.

Erzielt eine politisch oder militärisch erforderliche Bahnlinie zugleich einen wesentlichen pecuniären Vortheil, weil, zufällig, die Richtung des Völkerverkehrs (wie z. B. bei der grossen deutschen militärischen Linie Königsberg-

Metz, den französischen Ost- und Nordbahnen etc.) mit der der militärischen Nothwendigkeiten zusammenfällt, um so besser.

Ein grosser Fehler wird es immer sein (der unter Verhältnissen zur Gewissenlosigkeit werden kann), die Individualitäten militärischer Hauptrouten mit denen von Bahnlinien identificiren zu wollen, die zur Erzielung von Rentabilität bei schwachen Verkehren, (oder auch um der Gründer- und Generalentreprisen-Gewinne willen) dürftig angelegt und kürglich ausgestattet, jedenfalls nicht den militärischen Leistungen gemäss construirt sind, welche die Sicherung des Vaterlandes im Kriegsfalle von der betreffenden Linie erfordert. Die Erfahrungen der letzten grossen Kriege haben die geringe militärische Leistungsfähigkeit aller anderen als der im grossen Style, doppelgeleisig und mit voller Ausrüstung hergestellten Bahnen mit Beweismitteln dargethan, auf die hier nicht näher einzugehen ist. Es wird daher immer kühn bleiben, den Erfolg militärischer Actionen auf die Leistungsfähigkeit von Linien zu basiren, die mit nur theoretischem Hinblicke auf ein gewisses Maass militärischen Könnens construirt, ihrer ganzen Individualität nach nichts Anderes sind, als ökonomisch hergestellte und ausgestattete Erwerbsbahnen. Es hiesse dies, um ein Bild zu brauchen, mit Kauffahrteischiffen in einer Kriegsschifflinie fechten wollen.

Es ist in dieser Beziehung in Oesterreich, besonders während der Zeit, wo man die Bahnen nicht um ihrer Zwecke willen, sondern um an ihrer Gründung, ihrer Finanzirung, ihrer Bauentreprise zu gewinnen, projektirte und ausführte und eine nach allen Richtungen hin ungenügende und jedes staatswirthschaftlichen Fernblicks völlig baare Oberaufsicht der Regierung dem heillosen Gebahren gewissenloser, übelberathener, aber durch Coterie- und Finanzeinflüsse mächtiger Unternehmungsgesellschaften machtlos gegenüberstand, sehr viel gesündigt worden. Giebt man aber, im Gegensatze zu dem oben Gesagten, schematisch und kritiklos, allen Erwerbsbahnen, ohne Unterschied und ohne weitere Rücksicht auf die grössere oder geringere Wahrscheinlichkeit ihrer Betheiligung bei einer militärischen Action, auf, sich in Construction und Organisation a priori für eine gewisse Kriegsleistung vorbereitet zu halten, so belastet man die meisten derselben für fernliegende, ja zuweilen unmöglich eintretende Eventualitäten, mit einer Kriegsrüstung von Wasserstationen, Rampen, Ausweichgeleisen etc., deren sie für ihre eigentlichen Zwecke nicht nur nicht bedürfen, sondern deren Preis die Erreichung derselben sogar in Frage stellen kann. Kriege brechen nicht über Nacht aus, und wohlfeiler wird es sich immer zeigen, in solchen traurigen Fällen, mit Aufwand aller Kräfte, die wenigen nicht als militärische Routen vorausbehandelten Erwerbsbahnlinien, welche unvorherzusehender Weise mit in Aktion gezogen werden, für den momentanen Bedarf dieser Aktion, soweit es eben ihre Gesammt-Construction zulässt, provisorisch auszurüsten, als alle Bahnen eines Reiches für immer mit einem Kriegsapparate zu beschweren, dessen die weitaus grösste Mehrzahl derselben vielleicht in Menschenaltern nicht bedarf und viele, vermöge ihrer Lage, nie bedürfen können. Die Möglichkeit einer solchen schnellen, provisorischen, aber dem momentanen Zwecke genügenden Rüstung der Bahnen hat sich überall da, wo es noththat, herausgestellt.

Klar muss man sich sein, ob man in einer Richtung wirklich eine militärische oder politische Eisenbahnlinie braucht, sie dann aber auch mit Aufwand aller erforderlichen Mittel wirklich als eine solche bauen.

Die Vermischung der Individualitäten ist aber auch hier, wie überall, vom Uebel.

Wenn wir in Vorstehendem dargethan haben, wie nothwendig die Individualisirung einer Bahnanlage, die harmonisch-innerlich nothwendige Entwickelung ihrer Gesammtheit in Technik und Administration aus den für jede Linie specifisch gegebenen Bedingungen sei, so ist damit nicht gesagt, dass es nicht eine Menge sogenannter „bewährter" Formen der Organisation und Construction gäbe, durch welche sich, gleichviel wie unpassend und gewaltsam sie einem Institute aufgepresst werden, demselben ein geordneter Geschäftsgang, ein anständiges Exterieur und selbst ein gewisses Maass von Wohlfahrt sichern liesse, so dass das Ganze gut geführt und wohlgethan erscheint.

Nur dem Auge eingehender, sachverständiger Kritik wird dann der Unterschied zwischen dem deutlich werden, was leidlich mit von anderen Instituten herübergenommenen Normen und Schematen erreicht wurde, und dem, was sich durch genau der Individualität der Bahn angepasste Formen und Einrichtungen hätte erreichen lassen.

Bewährt sein kann eine Construction oder Institution immer nur relativ, das heisst unter gegebenen Bedingungen; bewährt erscheinen aber kann jede unter jeder Bedingung, je nach der Erleuchtung der Kritik, die sie beurtheilt.

Gewiss ist, nach allem Gesagten, dass die Uebertragung von Constructionen und Einrichtungen, die sich auf gewissen Bahnen für deren gesammte Individualität so recht specifisch bewährt gezeigt haben, auf die Subjectivität anders gearteter und bedingter Linien ein Wagniss bleibt, dessen Gefährlichkeit und Tragweite man sich nicht eindringlich genug vor Sinn und Auge halten kann.

Fast immer führt sie zur Schöpfung entweder solcher Bahn-Institute, die, selbst wenn sie blühend erscheinen, doch nicht so vollständig ihre technischen und ökonomischen Zwecke erreichen, als dies bei durchgeführter Individualisirung ihres ganzen Organismus möglich sein würde, oder solcher, die, kümmerlicher als nöthig, ihr Leben fristen, oder endlich jener, die, ohne wirklich zwingende und unabwendbare äussere Momente, in Noth gerathen und den Steuerträgern zur Last fallen.

Etwa gelungen erscheinen wird das kühne Experiment nur da, wo, trotz alledem und alledem, massenhafte Einnahmen und grosse Prosperität die begangenen Fehler nicht mit dem Mantel der Liebe, sondern mit den Coupons der Dividende decken. Das Recept für das universell Zweckmässige, allgemein Giltige und Bewährte im Eisenbahnwesen ist der *Lapis philosophalis* desselben, den nur Charlatane oder — „Technikanten" gefunden zu haben vorgeben können.

III. Betrieb und Betriebsmittel.

So lebhaft und überzeugungsvoll wir in den vorhergehenden Abschnitten auch für das Axiom eingetreten sind: dass nur in der Individualisirung der Eisenbahn-Anlagen nach Leistung und Ort, und in der Fortentwickelbarkeit derselben in der Zeit die wahre und allgemeine Prosperität dieser Anstalten begründet sein könne, so eindringlich müssen wir betonen, dass dies ganz ausschliesslich nur für diejenigen Apparate und Einrichtungen derselben Geltung haben dürfe, die an die Scholle des Bodens der Bahn gebunden sind.

Das Gegentheil von jeder Individualisirung und, wir möchten fast sagen, auch bis zu einem gewissen Grade von der Fortentwickelbarkeit, nämlich die Generalisirung im ausgedehntesten Sinne des Wortes, muss, je nach ihrer Gattung, in mehr oder minder ausgedehntem Maasse der leitende Gedanke bei Construction und Anordnung derjenigen Elemente eines Eisenbahn-Institutes sein, die, obwol sein Eigenthum, doch nicht zum Dienste auf dessen Geleisen allein, sondern dafür bestimmt sind, dieselben immer aufs neue zu verlassen und auf allen Spuren eines grossen Bahncomplexes, ja eines ganzen Continents unbehindert zu circuliren.

Es sind dies die Betriebsmittel. Eine Zeit wird kommen, wo man drei Gleichheiten als selbstverstündlich für den ungehemmten Fluss der internationalen Verkehre betrachten wird: die der Münze, des Maasses und der Eisenbahn-Betriebsmittel.

. Die Oekonomie der Ausnützung, Erhaltung und Manipulation der Betriebsmittel könnte nur unter der Bedingung ihren Höhepunkt erreichen, dass, in einem möglichst grossen Bereiche, das ganze Wesen derselben, nach allgemeiner und Detail-Anordnung und Construction, allenthalben Jedermann, den es angeht, selbstverständlich und in Sinn und Hand geläufig geworden wäre wie Maass und Gewicht.

Auch hiefür wird, natürlich bis zu einem gewissen Grade, die Zeit im Leben des jetzt noch so jungen Eisenbahnwesens kommen, so unerreichbar uns solche Zustände auch jetzt erscheinen mögen. Es bedarf kaum der Erwähnung, dass die Motive, welche zur Generalisirung der Construction der Betriebsmittel treiben, mehr oder minder dringende bei den verschiedenen Gattungen derselben sind. Ihr Einfluss wird zwingender mit den Fernewanderungszwecken derselben.

Die Locomotive hat, von allen Betriebsmitteln, die meiste Heimatstendenz. Auf ihre Construction für eine bestimmte Linie üben diejenigen Elemente noch vielfachen Einfluss, welche die Individualisirung dieser selbst bedingen. Nach Masse und Natur des Verkehrs einer Bahn, nach ihrer Horizontal- und Vertical-Projection und der von Ort und Zeit bedingten ganzen Wesenheit derselben, wird sich auch die Construction ihrer Locomotiven wesentlich modificiren. Ja diese Modificationen werden, durch sehr abweichende äussere Einflüsse bedingt, so frappante werden können, dass sie sich in der ganzen Erscheinung der Maschine wiederspiegeln.

Die amerikanische Locomotive, dazu bestimmt, sich mit geschmeidigem Rahmen, drehbarem Gestell, Leuchtthurmlampen, Läuteglocken, Kuhfängern und „Pilots" auf unregelrechten Geleisen, in engen Curven ihren Pfad sicher zu suchen, ihn selbst zu beleuchten, von Büffeln und Baumstämmen freizumachen und unablässigen Warnruf erschallen zu lassen, wird von der, auf rigider, flacher, schwachgekurvter Bahn hineilenden, englischen Schnellzug-Locomotive ebenso individuell verschieden sein, wie diese es wieder von der Gebirgsmaschine ist, welche die Lasten mühsam über Alpen oder Apenninen hebt.

Ja die Erscheinungen und Formen, welche Nationalgeist, Orts- und Zeitbedürfniss der Locomotiv-Construction aufprägen, sind so augenfällig und bedeutsam, dass sie dem weiten Blicke, welcher die Darlegungen in grossen Bereichen umfasst, die Idee einer „Geographie der Locomotiv-Construction" nahelegen, die sich ebenso präcis begründen lässt, wie die der Culturpflanzen- und Hausthierentwickelung in verschiedenen Klimaten*), unter verschiedenen Ernährungs- und Züchtungsverhältnissen.

Uebt doch die Natur des Brennstoffs, der für die Beheizung der Locomotive zur Verfügung steht, die Beschaffenheit des Weges, auf dem sie sich zu bewegen hat, kaum weniger Einfluss auf Form und inneren Organismus ihrer Theile aus, als Futterstoff und Bodennatur eines Länderstriches auf Kraft und äussere Erscheinung von dessen Hausthieren. Und die Locomotive repräsentirt unter den mechanischen Appa-

---

*) Siehe Rodenberg's „Deutsche Rundschau", Heft VII: „Die Geographie der Locomotiv-Construction", von M. M. v. Weber.

raten, die der Menschheit am unmittelbarsten dienen, das Hausthier.

Von allen Betriebsmittelgattungen ist die Locomotive daher am festesten an die Grenzen ihrer eigenen Bahn gebunden, die sie nur in Ausnahmsfällen überschreitet, durch Kriege oder ganz ungewöhnliche Verkehrsverhältnisse dazu veranlasst.

In solchen Fällen wird aber nicht constant das höchste Maass der Leistung von ihr verlangt, für die sie construirt ist.

Für das, was die Locomotive, sozusagen, ausser dem Hause, nämlich ausserhalb ihrer Bahn zu leisten haben kann, genügt es daher, dass sie, mit allen ihren Theilen, das für den betreffenden Bahncomplex adoptirte Durchfahrtsprofil ungehindert passiren und sich allen Betriebsmittel-Systemen desselben zum Dienste anschliessen könne. Im Uebrigen ist ihrer Individualisirung keine Grenze gesetzt.

Schon mit bedeutend weitläufiger angelegten Contouren umschreiben sich die specifischen Eigenthümlichkeiten der Fahrzeuge, welche zur Vermittlung des Personenverkehrs dienen, und sie verlieren immer mehr an Präcision, über je grössere, von verschiedenen Verwaltungen, unter verschiedenen Verhältnissen betriebene Bahncomplexe sie sich zu bewegen haben.

Der Einfluss der Eigenschaften der Eigenthumsbahn muss sich bei der Construction der Personenwagen umsomehr verwischen, je ausgebreiteter der Durchgangsverkehr sich verzweigt. Von Gestaltung einer Individualität der Physiognomie wird hier daher meist nur unter Einflüssen von grosser, räumlicher Ausdehnung die Rede sein können, wie sie die geographische Beschaffenheit eines ganzen Länderstriches oder ausgeprägte Entwicklungs- und Lebensgewohnheitsformen eines grossen Volkes ausüben können.

Unter solchen Einwirkungen entstand z. B. die Individualität des amerikanischen Wagens, der ihn zum Hotel und Schiffe auf dem Lande macht; gestaltet sich die des Personenfuhrwerks im Bereiche grosser Ebenen und im Gebirge; dort mit langem Radstand und schwerem, stabilem Bau, ruhigen Gang und Sicherheit bei schneller Fahrt auf wenig gekrümmten Linien anstrebend, hier mit kurzer Raddistanz dem Durchgange durch scharfe Curven bei langsamerer Fahrt genügend.

Die Verpflanzung solcher Individualitäten-Gruppen aus dem Entstehungsbereiche in einen anderen ist stets mit Gefahr technischer, administrativer oder ökonomischer Art verknüpft und ein selten gelingendes Experiment.

Im kleinsten Kreise individualisirend wirken auf diese Gattung der Betriebsmittel die specifischen Erfordernisse des internen, localen Dienstes. Sie bedingen die Anordnung der Küsten-Construction mit End- oder Seiteneingang, mit oder ohne Durchgang für die Controle und innere Communication, die Anbringung der Bremser- und Schaffnersitze, die Form der ganzen Accommodation u. s. w. Die Individualität des Wagens, der dem langsamen Tages- und Sommerdienst der Schweiz entsprechen soll, muss eine andere sein, als die der Fuhrwerke, welche in ihr Inneres einen Theil der Behaglichkeit des russischen Hauses, auf endlosen Fahrten durch lange Winternächte in halbarktischen Reichen übertragen sollen.

Der Kosmopolit unter dieser Gattung der Betriebsmittel ist der sogenannte „Durchgangswagen". Je weniger er specifischen Bedingungen gemäss angeordnet ist, je angenäherter er ganz allgemeinen Fahrt- und Reisebedingungen entspricht, umsomehr wird er den Aufgaben seiner polytropen Wanderungen Genüge leisten.

Entschieden tritt die Tendenz auf Wegfall jeder Individualisirung bei den Personendienst-Fuhrwerken in Bezug auf ihre Maximalbreiten und Höhendimensionen und diejenigen ihrer Organe hervor, mit denen sie sich in den Geleisen bewegen oder mit anderen Fuhrwerken zusammenfügen lassen.

Je strenger und schematischer, in ausgedehntesten Bahnbereichen, das Ueberschreiten einer gewissen Schablone verpönt wird, welche den äusseren Contour der Wagen umzirkt, je weiter verbreitet das Gleichmaass der Räderdistanz auf der Achse und die Breite der Radreife, die Form der letzteren, der Kuppel- und Puffervorrichtungen der Wagen ist, um so höher steigt die Füglichkeit der gegenseitigen Aushilfe von Bahn zu Bahn und damit die Ausnützbarkeit der Fuhrwerke, vor Allem aber die militärische Leistungsfähigkeit der Wagenparke.

Die Rücksicht auf letztere ist ein schwerwiegendes, besonders von der Staatsoberaufsicht über Eisenbahnen in grossen Staaten gar nicht fest genug im Auge zu behaltendes Moment.

Wenn schon bei der Anordnung der dem Personentransporte dienenden Fuhrwerke die thunlichste Generalisirung der Construction gewisser ihrer Organe offenbar weit höhere Vortheile bietet, als deren individuelle Durchbildung, so tritt diese bei den für den Güterverkehr bestimmten Wagen völlig gegen die Nothwendigkeiten in den Hintergrund, welche die Verallgemeinerung von deren Constructionsformen im ausgedehntesten Sinne kategorisch fordern.

Das Frachtgut der Eisenbahnen steigt nicht, wie der Passagier, selbstthätig und kostenlos für die Transportanstalt, aus einem Fuhrwerke in das andere. Im Gegentheile repräsentirt jede Umladung desselben von Wagen zu Wagen einen Aufwand an Kosten, Mühen und Zeit, der demjenigen gleichkommt, welchen der Transport über eine ansehnliche Bahnstrecke erfordert. Je niederwerthiger das transportirte Gut, je grösser seine Masse ist, je höher gespannt die industriellen und Concurrenz-Verhältnisse in einem Bahndistricte sind, um so bedeutungsvoller tritt dieser Aufwand bei dem Kampfe um die Möglichkeit der Gewinnung der Verkehre in die Action. Jede Stockung, welche die technischen Verhältnisse dem raschen Abstrom der Transporte entgegensetzen, gleicht einer Verengerung in einer Rohrleitung, welche den Werth der ganzen Anlage nach Maassgabe der Leistungsfähigkeit der verengten Stelle reducirt.

Am bedeutsamsten wirkt in dieser Beziehung der Bruch der Spurweite, und zwar in einem Maasse, durch welches alle Vortheile, welche der Abminderung der Spurdimensionen zugeschrieben werden können, in den allermeisten Fällen da völlig illusorisch gemacht werden, wo es das Passiren grosser Transportmassen (vielleicht nur das von Erzen und geringen Brennstoffen ausgenommen) von einer Spurweite auf die andre gilt.

Aber ähnliche, wenn auch weniger gewaltsame, weniger schwer zu bewältigende Einflüsse übt, in mehr oder minderem Maasse, jede Individualisirung der Construction der Güterfuhrwerke.

Ein Uebermaass der Höhe- oder Breite-Dimension, die Anwendung nicht allgemein zulässiger Constructionen, Organe und Materialien, Abweichungen in Höhenstellung und Breitendistanz der Puffer, der Construction der Zugvorrichtungen, der Achsen und Räder, ja selbst der Methode der Anbringung der Signalvorrichtungen bedingt zwar nicht immer eine Umladung der Güter, aber stets eine Erschwerniss des Betriebes, die gleichwerthig mit Zeit- und Geldverlust ist.

Bald wird es, solchen „Individualisirungen" der Construction gegenüber, gelten, zu erwägen, welche Routen die so und so gestalteten Wagen etwa passiren können, und sie demgemäss, oft mit grosser Mühe, durch umfassendes Rangiren, aus den für andere Routen bestimmten Wagen-Complexen auszuscheiden; bald werden die Anordnungen ganzer Züge, mit Aufwand von Hunderten und Tausenden von Achsmeilen im Stationsdienste, umzugestalten, Fuhrwerke zur Ausgleichung unpassender Constructionen einzuschalten, andere an zulässige Orte im Zuge zu bringen sein u. s. w., blos weil sich allzu „individuell" construirte Wagen im Zuge befinden.

Mit welchen Opfern an Zeit, Aufwand und Arbeitskraft und selbst persönlicher Gefahr für das Stationspersonal diese Umrangirungen der Züge wegen Incongruenz der Wagen-Constructionen verknüpft sind, wie oft diese Ursache werden, dass Wagen tage- und wochenlang stillstehen müssen, weil die für ihre Einschaltung nöthigen Ausgleichswagen nicht zur Stelle zu schaffen sind, das ist jedem praktischen Betriebstechniker zur Genüge bekannt.

Nicht weniger oft aber geräth der Lauf eines fernher gekommenen Fuhrwerks in langdauerndes Stocken, wird eine Umladung desselben sogar nöthig, weil eine kleine Schadhaftigkeit an demselben eingetreten ist, zu deren Herstellung es eben eines passenden Ersatzstückes bedarf, das, auf Hunderte von Meilen weit her, requirirt werden muss.

Endlich steigern sich alle die ökonomischen Calamitäten, welche mit den Mängeln der Ausnutzung der Fahrparke verknüpft sind, sehr wesentlich durch Verschiedenheit von Dimensionen, Tragfähigkeit, Thüren- und Bord-Construction etc. der Wagen verschiedener Bahnen, weil sie es verbietet, eine entsprechende Disposition der Transport-Gegenstände auf die verschiedenen Transportmittel im voraus zu treffen. Das Ungenügen der Transportmittel-Ausnutzung, welches diese auf deutschen Bahnen nie höher als auf 40 Percent ihres theoretischen Betrages kommen lässt, ist die gefährlichste Krankheit des Eisenbahnwesens und eine der Wurzeln der pecuniären Calamitäten derselben. Jede Maassnahme, welche dasselbe zu vermehren geeignet ist, bildet daher ein Vergehen gegen den Geist des grossen Zeitwerkzeuges.

Kaum weniger nachtheilig als das Gebiet der Technik und Betriebspraxis der Eisenbahnen beeinflusst die Disparität der Güterwagen-Construction und Dimension den mercantilen Theil derselben, vor Allem das gesammte Tarifwesen.

Es ist keine gesunde Entwicklung desselben auf der correcten Basis ähnlicher Leistungen und Kosten denkbar, so lange nicht ein gewisser Wagenraum, ein gewisses Wagengewicht, annähernd wenigstens, überall einer gewissen Transportleistung entspricht.

Ja, man darf weiter gehen und behaupten, dass ohne eine, wenigstens ungefähre, Uebereinstimmung in Dimension und Gewicht der Güterwagen für eine bestimmte Leistung, eine organische Gestaltung der gesammten Eisenbahn-Oekonomie kaum herbeizuführen sein werde, von der wir allenthalben noch so weit entfernt sind.

Der Güterwagen ist auch ein so einfacher Apparat, die Theile, auf deren Zusammenwirken beim Betriebe es ankommt: Räder, Achsen, Achsbüchsen und Halter, Rahmen und Gestelle, Puffer, Kuppelungen etc., so annähernd stetig in ihrer Entwicklung, so gegeben in ihren Dimensionen, dass da nicht viel sehr Wesentliches mehr zu erfinden sein dürfte und es daher jedem maassgebenden Techniker dringend zu rathen ist, wohl zu prüfen, ehe er eine hierauf bezügliche neue Idee ins Leben führt, ob er dadurch nicht vielleicht der Allgemein-Verwendbarkeit seiner Fuhrwerke weit mehr schadet, als er die Entwicklung der Eisenbahnwagen-Construction, in dieser oder jener Kleinigkeit, etwa fördert.

Erwägungen dieser Art sind es auch gewesen, welche der Erscheinung der Güterwagenparke vieler grosser englischer, französischer, amerikanischer etc. Bahncomplexe den Charakter des in der Construction des Details etc. Zurückgebliebenen, nicht auf der Höhe der Zeit Stehenden, aufgedrückt haben.

Man hat eben, in klarer Erkenntniss des Nothwendigen, das technische Constructions-Ideal der wahrhaft praktischen Verwendbarkeit zum Opfer gebracht und von Einführung mancher wohlgekannten Verbesserung im Detail, um der Einheitlichkeit und Handlichkeit des ganzen Wagenparks willen abgesehen. Und diese Maxime wird sich fruchtbar erweisen, so lange nicht, durch eine epochemachende Erfindung, das ganze System der Güterwagen-Construction unwiderstehlich in neue Bahnen gedrängt wird.

Vollkommen berechtigt sind daher die auf Generalisirung der Construction der Haupttheile der Güterwagen gehenden Bestrebungen der preussischen Regierung und ihre Nachahmung ist der Eisenbahn-Oberaufsicht aller Länder wohl zu empfehlen.

Man gelangt nach alledem schliesslich zu dem Resultate: **wenn, einerseits, die Individualisirung und Fortentwickelbarkeit der Eisenbahnen in allen Anlagen und technischen und administrativen Constructionen, die, mit ihnen in Raum und Zeit verbunden, ihren Bereich nie verlassen, die Grundbedingungen ihrer Prosperität sind, so gilt andererseits, in Bezug auf alle jene Organe des Eisenbahnwesens das Gegentheil, welche zwar Eigenthum eines Bahn-Instituts, factisch aber Gebrauchsgegenstände vieler, ja aller Linien eines sehr grossen Complexes und daher Gemeingut eines bedeutsamen, vielgegliederten Ganzen sind. Wie dort die intensivste Individualisirung, so ist hier die weitgehendste Generalisirung** die Grundbedingung für möglichst vollständige Erreichung der Zwecke beider.

Wien, Mai 1875.